Mes premiers mots

Photographies de
GEOFF DANN

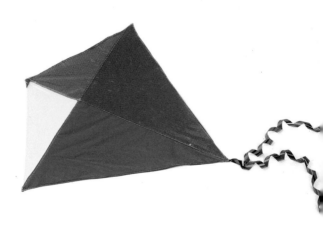

Père Castor Flammarion

Les images claires aux couleurs gaies peuvent grandement aider les jeunes enfants à construire leur langage, à enrichir leur vocabulaire. Cette découverte sera d'autant plus intense qu'elle sera partagée avec des aînés, parents ou éducateurs.

Les 300 photographies simples et colorées qui constituent cet ouvrage présentent un catalogue de l'univers quotidien du tout-petit : des objets usuels dont il a une expérience concrète, qu'il manipule ou voit manipuler autour de lui, des plantes, des animaux familiers ou sauvages.

Laissez d'abord le tout-petit feuilleter l'ouvrage, il aimera reconnaître les images. Puis accompagnez-le dans ses promenades d'une page à l'autre, aidez-le à nommer ce qu'il découvre, à identifier les objets qui lui sont inconnus, à repérer les ressemblances et les différences avec la réalité.

Plus tard, il s'amusera à chercher au travers des pages, un objet, un animal précis, une couleur, une matière... Encouragez-le à répondre à des questions simples : « à quoi sert la montre ? », « que met-on dans la théière ? », « qu'est-ce qui a deux roues, un guidon, des pédales ? » etc.

Petit à petit, le jeune enfant associera l'image et le texte qui l'accompagne. Quand se développera son habileté à lire, cet ouvrage l'aidera à identifier des sons. Viendra le moment, où de lui-même, à partir des images, il posera des questions aux adultes.

Ce livre, riche de mille découvertes, est un livre à prendre, à reprendre et à partager.

A. Telier

le bébé

le hochet

le biberon

la serviette de bébé

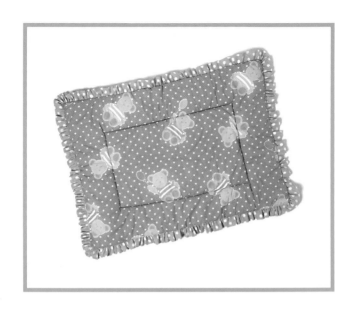

le couvre-pied

le lit d'enfant

la poussette

le landau

la brosse à cheveux

la glace

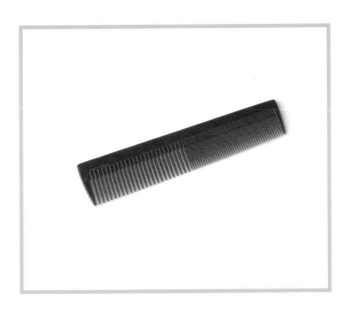

le peigne

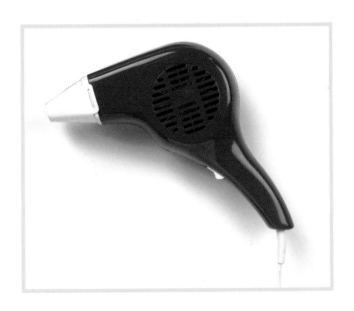

le séchoir à cheveux

le gant de toilette

la savonnette

la serviette-éponge

le flacon de shampooing

l'éponge

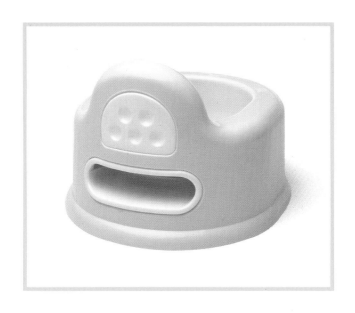

le pot de chambre

la brosse à dents

le dentifrice

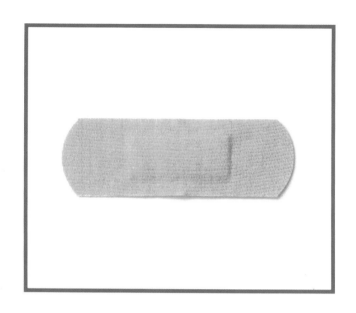

le pansement

le coton à démaquiller

les ciseaux à ongles

la brosse à ongles

la grenouillère

le pyjama

la robe de chambre

la pantoufle

la chemise

la culotte

la chaussette

la chaussure

la chemise

le pantalon

la ceinture

la salopette

le tee-shirt

le short

le gilet

la robe

le sweat-shirt

la jupe

l'écharpe

le pull-over

le bonnet

le gant

la moufle

l'anorak

le chapeau de pluie

l'imperméable

le parapluie

la botte

le maillot de bain

la sandale

la casquette

les lunettes de soleil

le seau

la pelle

la raquette de ping-pong

la balle

l'ours en peluche

la poupée

le pingouin

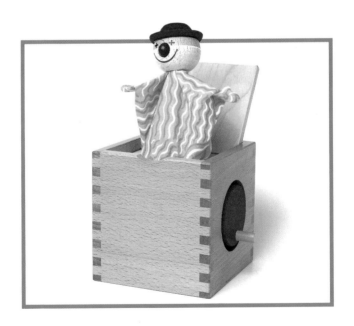

le pantin

l'album

le cube

le puzzle

la boîte à formes

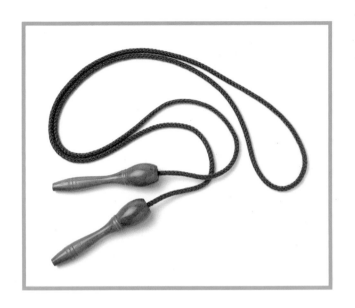

la corde à sauter

le tricycle

le ballon

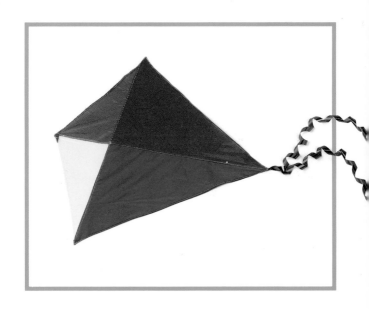

le cerf-volant

le tambour

le tambourin

la trompette

la flûte à bec

la guitare

le violon

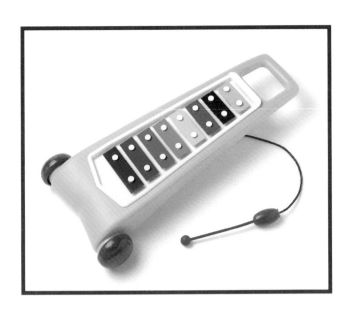

le xylophone

le triangle

le crayon gras

le crayon-feutre

le pinceau

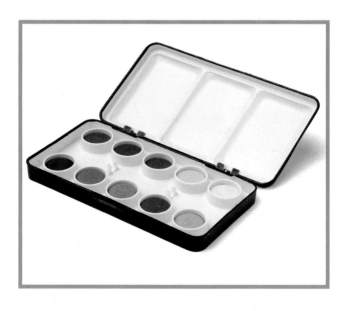

la boîte de peinture

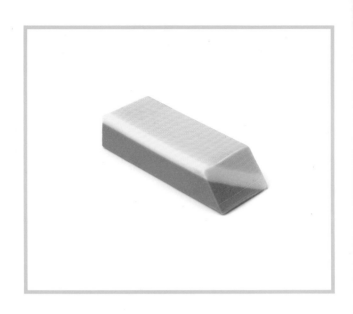

la gomme

le taille-crayon

le crayon

la trousse

le porte-monnaie

le panier

le sac à dos

la valise

les lunettes

la torche électrique

le canif

la montre

le bracelet

la bague

le collier

la boucle d'oreille

la pomme

l'orange

le citron

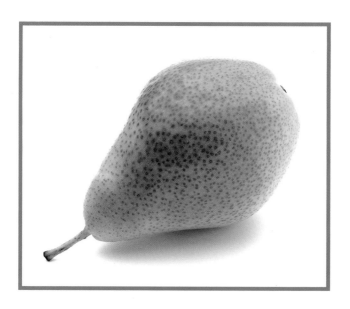

la poire

la banane

le raisin

l'ananas

la pêche

la clémentine

le melon

la fraise

l'abricot

la tomate

le concombre

la salade

la carotte

les petits pois

l'épi de maïs

le brocoli

le chou-fleur

la pomme de terre

le chou

l'avocat

l'oignon

le cornet de glace

la sucette

le chocolat

le cake

le biscuit

le pain

le sandwich

le petit pain

le beurre

le fromage

l'œuf

les spaghettis

le miel

la confiture

le jus d'orange

le lait

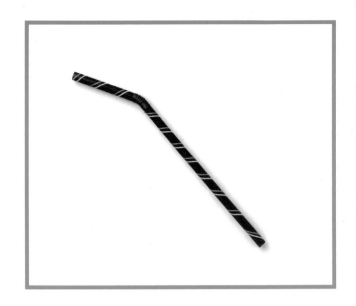

la paille

le verre

la tasse de bébé

la chope

la tasse

la soucoupe

l'assiette creuse

l'assiette plate

le couteau

la fourchette

la cuillère

le coquetier

le pot à eau

la théière

la bouilloire

la cafetière

la cuillère en bois

la passoire

la poêle

la casserole

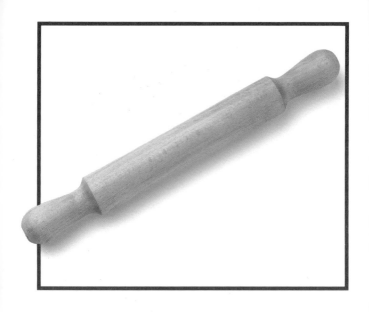

le rouleau à pâtisserie

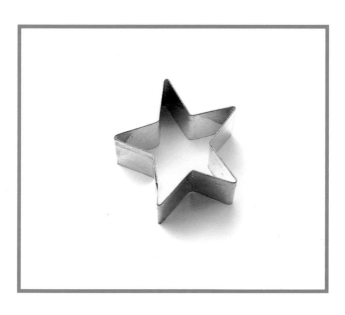

le moule à découper

le moule à gâteau

le gant de cuisine

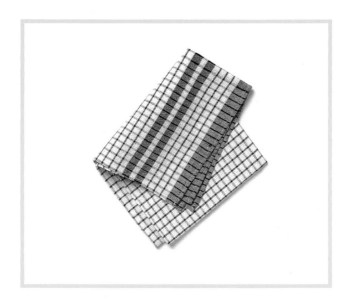

le torchon

la cuvette

l'évier

le gant en caoutchouc

le moulin à poivre

la salière

la serviette de table

la table

la chaise

le bureau

le fauteuil

le canapé

le téléphone

la calculette

le réveil

le tableau

le poste de télévision

l'ordinateur

la radiocassette

l'appareil photo

l'oreiller

le lit

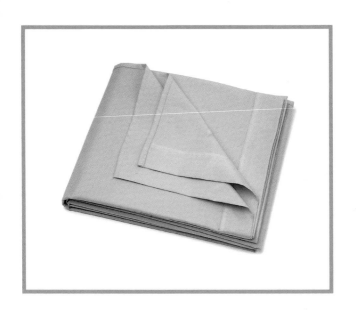

le drap

la couverture

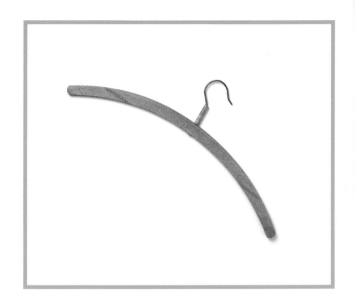

le cintre

l'armoire

le buffet

la commode

l'ampoule électrique

la lampe

l'allumette

la bougie

la clé

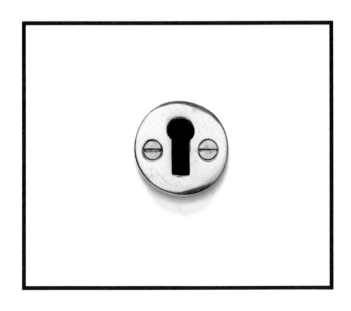

le trou de serrure

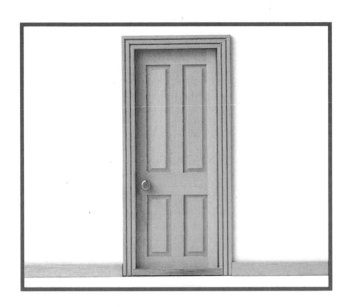

la porte

le paillasson

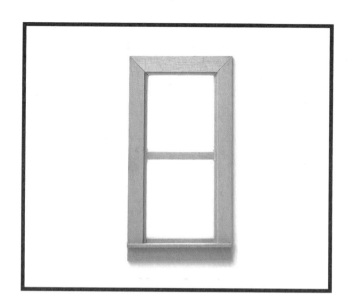

la fenêtre

les rideaux

le vase

le tapis

le balai

l'aspirateur

la balayette

la pelle à poussière

la pince à linge

la corbeille à linge

le fer à repasser

la table à repasser

la fermeture à glissière

la boucle de ceinture

la perle

le bouton

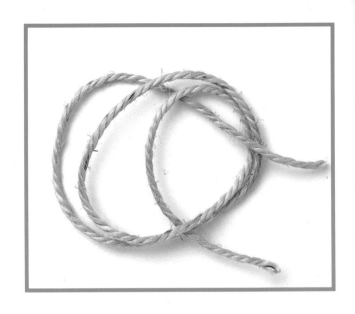

la ficelle

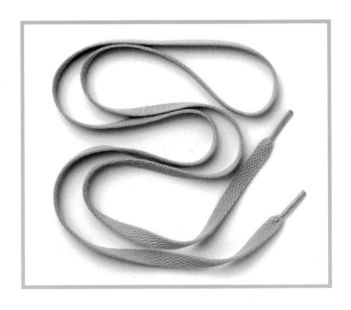

le lacet de chaussure

l'épingle

l'épingle de sûreté

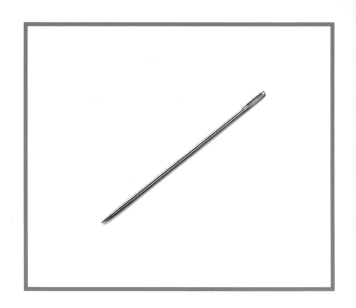

l'aiguille

la bobine de fil

l'aiguille à tricoter

la pelote de laine

le clou

le marteau

le tournevis

la vis

l'écrou

la clé à molette

les tenailles

la scie

la fourche de jardinage

la pelle-bêche

l'arrosoir

le pot de fleurs

l'herbe

la terre

la feuille

la plante

la rose

la tulipe

l'iris

le géranium

le papillon

la libellule

la fourmi

l'araignée

le chat

le chien

le cheval

la vache

la poule

le coq

la chèvre

le mouton

l'âne

le cochon

l'oie

le canard

le lion

le tigre

la girafe

le panda

le zèbre

le chameau

le rhinocéros

l'éléphant

l'ours

le renne

l'autruche

le kangourou

la tortue

le crocodile

le dauphin

la baleine

le poisson

l'étoile de mer

le crabe

le coquillage

le tracteur

la moissonneuse-batteuse

la pelle mécanique

le bulldozer

la grue

le camion

la voiture

la roue

la moto

le casque

la bicyclette

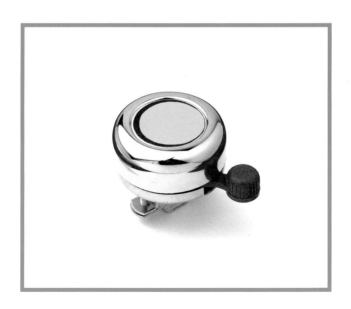

la sonnette

l'hélicoptère

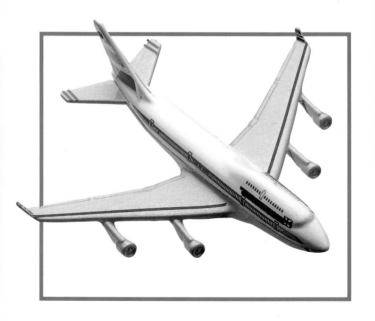

l'avion

le bateau à voiles

le canot à moteur

la carte postale

le colis postal

la carte d'anniversaire

l'enveloppe

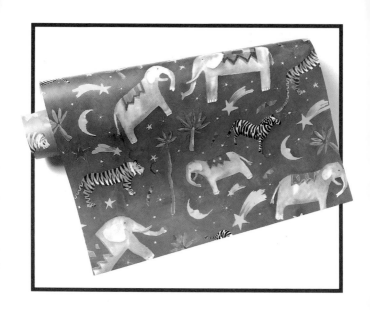

le papier cadeau

le ruban

le nœud

le paquet cadeau

Liste alphabétique

L'édition originale de cet ouvrage
a été publiée en 1993 en Grande-Bretagne
par Frances Lincoln Limited, Apollo Works,
5 Charlton Kings Road, London NW5 2SB
sous le titre : 300 FIRST WORDS
Text copyright © Frances Lincoln Limited 1993
Photographs copyright © Geoff Dann 1993
Published by arrangement with Père Castor Flammarion, Paris.
All rights reserved.
Pour la traduction française :
© 1994 Père Castor Flammarion
ISBN : 2-08-160858-8
Dépôt légal : avril 1994 - N° d'éditeur : 17224

Imprimé à Hong Kong

Loi n° 49-956 du 16 juillet 1949 sur les publications destinées à la jeunesse